Bilder der Mystik

DIE SEELENBURG

Verlag Christliche Innerlichkeit
Wien

Den Freunden des Karmel gewidmet

1. Auflage 1994
Verlag: Christliche Innerlichkeit
1190 Wien, Silbergasse 35
Druck: Landesverlag Druckservice Linz

ISBN 3-9500317-2-3

ÜBERSICHT

Vorwort

Viele Menschen kommen auf den Gedanken, die SEELENBURG zu lesen, weil sie durch andere von der Einmaligkeit dieses Buches gehört haben. Sie erwarten sich entweder eine Bestätigung für ihre Erfahrungen oder gute Ratschläge, um auf ihrem Weg vorwärtszukommen.

Wiederholt werden solche Menschen enttäuscht: nicht so sehr weil der Inhalt des Buches dem vorauseilenden Ruf nicht entspricht, sondern weil manche mit den Bildern, die Teresa oft verwendet, nicht zurechtkommen.

Ich glaube, es ist wichtig, die SEELENBURG in der richtigen Haltung zu lesen:

Das Bild *Burg und Wohnung* darf nicht zu statisch und geometrisch gesehen werden, da es sich ja um einen Vergleich handelt. Vergleiche betonen nur gewisse Aspekte, machen auf einige Schwerpunkte aufmerksam, in anderen Bereichen hinken sie aber.

Es ist auch nicht zielführend, die Lektüre des Buches in der Einstellung zu beginnen, die Wohnung festzustellen, in der wir uns zur Zeit befinden. Dies ist sicher eine Versuchung, der fromme Menschen ausgesetzt sind. Ob die Versuchung aus Neugierde oder spirituellem Stolz herrührt, ist zweitrangig: solche Überlegungen sind in keinem Fall zielführend.

Entsprechend der Absicht Teresas ist es sicherlich sinnvoller, das Buch zu lesen, um den Weg zu entdecken, den Gott mit uns Menschen geht:

wie Gott am Werk ist,
was Gott im Leben des Menschen wirken kann,
wie der Mensch sich verhalten soll.

Es ist nicht mein Anliegen, eine systematische Einführung in dieses Buch zu präsentieren. Mein Wunsch ist es vielmehr, auf einige Grundthemen in der SEELENBURG hinzuweisen, in der Hoffnung, damit manche Menschen zu motivieren, das Buch Teresas selbst zu lesen.

Die meditative Lektüre der SEELENBURG wird zu einer Fundgrube, die uns in zweifacher Weise bereichern kann:

– durch die Beschreibung der Haltung des Menschen auf dem Weg zu Gott: daraus können wir uns Anregungen für unser eigenes Verhalten holen –

– durch das Zeugnis des Wirkens Gottes im Leben eines Menschen, der die Verfügbarkeit im Glauben zu verwirklichen versucht. Solche Zeugnisse sind eine Ermutigung, an die Nähe Gottes – auch heute, in unserer Zeit und in unserer persönlichen Situation – zu glauben.

P. Antonio Sagardoy

Die Bildersprache

Am Anfang ist es mein Wunsch, Dir, liebe Leserin oder lieber Leser, Mut zu machen, Dich auf Bilder einzulassen. Zum Teil haben wir ja die Fähigkeit verloren, in Bildern miteinander zu sprechen, weil in unserer Gesellschaft nur mehr exakte Formulierungen gelten.

Die Bildersprache könnte eine Bereicherung für uns sein. Teresa findet, daß gewisse Dinge und Situationen des spirituellen Lebens am besten mit Bildern zu erklären sind.

die Burg:

Schon der Titel des Buches „SEELENBURG" ist ein Bild, mit dem Teresa uns den Weg Gottes mit dem Menschen und den Weg des Menschen mit Gott erklären will.

Es ist von großer Bedeutung, daß der Mensch sich seiner Berufung bewußt wird:

- Er ist nach dem Ebenbild Gottes geschaffen,
- er ist fähig, im Kontakt mit Gott zu leben
  und ein Gespräch mit Gott zu führen,
- Gott wohnt im Inneren des Menschen.

Die sieben Wohnungen in der Burg sind ein Vergleich, den man nicht zu exakt mathematisch betrachten darf. Es gibt viele Wohnungen, die uns auf Erfahrungen mit dem Herrn aufmerksam machen. *Die Dinge der Seele,* so lesen wir in der ersten Wohnung, *muß man sich immer in Fülle und Weite und Größe denken.*

Bei der Beschreibung der Burg fällt die Genauigkeit auf, mit der Teresa Einzelheiten erklärt: Wassergraben, Ungeziefer... Unterwegs begegnen wir Schwierigkeiten und Gefahren, die uns den Weg in die Burg erschweren.

Alles, womit wir beschäftigt sind, kann – wenn wir damit nicht richtig umgehen – für uns ein Hindernis oder eine Ablenkung sein, in die Burg hineinzugehen.

der Rahmen:

Gott ist uns ganz nah. Er ist in unserer Seele, die nach den Worten Teresas wie eine Burg aus Diamant oder aus einem sehr klaren Kristall ist.

Die Begegnung mit dem Herrn geschieht im Zentrum der Burg, in der schönsten Wohnung.

Teresa will uns nicht nur sagen, daß Gott in uns ist – Er ist ja auch in einer Seele, die sich in Todsünde befindet -, sondern uns ermutigen, am Leben Gottes teilzunehmen.

Mit diesem Ziel spornt Teresa den Menschen an, sich auf den Weg zu machen, um Gott zu begegnen:

Alles beginnt mit der Entdeckung der Burg in uns selbst. Die Entdeckung der Burg – d.h. des Wertes, den sie für uns hat – schafft die Basis für die Entscheidung, hineinzugehen.

Wir sollen in unser Inneres hineingehen. Unterwegs zur schönsten Wohnung dürfen wir weder stehenbleiben, noch uns ablenken lassen, denn der König wohnt darin. Auf eine peinliche Situation werden wir dabei aufmerksam gemacht: auf Menschen, die an der Oberfläche leben und bei sich selbst nicht zuhause sind. Es ist doch furchtbar, wenn Gott in unserem Herzen wohnt und auf uns wartet, wir aber im eigenen Herzen nicht zuhause sind.

Die Tür, um in die Burg hineinzugehen, ist das Gebet.

Gebet wird hier nicht genauer beschrieben, denn sowohl mündliches als auch meditatives Gebet sind der Weg zur Begegnung und Verständigung mit dem König der Burg.

Ohne Gebet ist der Mensch wie ein Gelähmter: Was helfen uns Wünsche und Gedanken, Vorsätze und guter Wille, wenn wir nichts unternehmen? *Was helfen einem Gelähmten Hände und Füße, wenn er sie nicht gebrauchen kann*, schreibt Teresa.

Um jede Vermessenheit von Anfang an abzubauen, erinnert Teresa an eine Burgruine... dies ist der Fall, wenn der Mensch in der Sünde lebt!

Auf dem Weg der Freundschaft mit Gott bedeuten weder Fallen noch Versagen eine Niederlage, denn das Schlimmste ist ja, aufzugeben und Gottes Barmherzigkeit zu vergessen.

Die Beschreibung des Menschen mit dem Bild der BURG zeigt eine sehr positive Seite des Menschen:

die Würde eines jeden Menschen als Wohnung Gottes,
die Größe eines jeden Menschen, da er als Ebenbild Gottes geschaffen wurde,
die Berufung eines jeden Menschen, fähig zu sein, mit Gott in Kontakt zu treten.

Der Taubstumme

In den verschiedenen Schriften beschreibt Teresa das Gebetsleben als die Geschichte einer freundschaftlichen Beziehung zwischen Gott und dem Menschen.

Jede Freundschaft braucht die Begegnung und den Kontakt, um lebendig zu bleiben, wobei Wachstums- und Vertiefungsstufen nicht zu übersehen sind.

Je wesentlicher und tiefer eine Beziehung ist, desto unkomplizierter wird die Form der Begegnung, so daß wir eine klare Linie sehen: Wesentlich-werden bedeutet Vereinfachung im Ausdruck.

Teresa erklärt uns diese Erfahrung, die sie selbst gemacht hat, mit einem Vergleich, den sie im Verlauf der Wohnungen beschreibt. Auf drei Gruppen von Menschen macht Teresa aufmerksam:

Menschen, denen wir begegnen, können eine Behinderung haben, die die Mitteilung erschwert. Mit anderen können wir aber ohne Probleme ein Gespräch führen.

Menschen, mit denen wir gern zusammenkommen, können zu unseren Freunden gehören. Diese Tatsache gibt unserer Begegnung eine andere Dimension und Tiefe, und auch die Ausdrucksformen sind anders.

Die Begegnung mit einem Taubstummen ist nicht ganz einfach, denn aufgrund seiner Behinderung besteht die Gefahr, einander falsch oder überhaupt nicht zu verstehen. Während wir sprechen, antwortet der andere mit Gesten, die uns manchmal unverständlich sind, und trotz unserer Bereitschaft zum Verstehen des anderen kommt es zu manchen Mißverständnissen.

Etwas leichter ist die Begegnung mit einem Stummen. Zwar bleibt eine Seite, die uns Probleme bereiten kann, bestehen, seine Stummheit nämlich. Wir können uns ihm mitteilen und wissen, daß er alles, was wir gesagt haben, gehört und verstanden hat. Seine Unfähigkeit zu sprechen bleibt jedoch ein schwacher Punkt, der die Verständigung in der Begegnung erschweren kann.

Das Gespräch zwischen Menschen ist eine gute und wertvolle Art der Begegnung: reden und zuhören, sich selbst artikulieren und die Worte eines anderen wahrnehmen können.

In ihrer Autobiographie verwendet Teresa diese Form der Begegnung – das Gespräch -, um das Gebet zu definieren: *Gebet ist meiner Meinung nach nichts anderes als ein freundschaftliches Gespräch.*

Zwischen Menschen, die einander sehr gerne haben, bemerkt Teresa, gibt es Situationen, in denen der gegenseitige, liebevolle Blick mehr sagt als viele Worte. Eine solche Art der Mitteilung setzt großes Vertrauen und ein tiefes Erkennen voraus. Der Blick als Form der Begegnung würde eine ergänzende Definition für das Gebet sein: Gebet könnte auf dieser Ebene bedeuten, einen liebevollen Blick zu erwidern.

Wiederholt spricht Teresa auch vom Schweigen als einer Form der Begegnung. Schweigen als Mitteilung kann Ausdruck von Liebe und Zuneigung sein, dort wo die Liebe wesentlich geworden ist.

Eine freundschaftliche Beziehung ist nicht Sache eines einzigen Tages. Alles braucht seine Zeit, um sich zu vertiefen und zu entfalten. Auf unserem Weg dürfen wir bei unseren Begegnungsformen nicht hängenbleiben, es könnte sich ja um anfängliche Stufen handeln.

Der Alltag zeigt uns eine klare Entwicklung: Am Anfang unserer Beziehung sind unsere Bewegungen, unsere Worte und Gesten genau überlegt, bisweilen sogar ein wenig verkrampft. Mit der Zeit lockert sich unsere Haltung. Wir werden spontaner, und manche Äußerlichkeiten stehen nicht mehr im Vordergrund. Das wachsende Vertrauen zueinander vereinfacht unsere Begegnung und läßt uns Wesentliches entdecken, ohne daß wir uns dabei vom Nebensächlichen ablenken lassen.

Das Abenteuer einer freundschaftlichen Beziehung im Gebet erwartet von uns den Mut, uns auf den Herrn ganz einzulassen und für Ihn immer resonanter zu werden. Je mehr wir uns auf Gott einlassen, desto leichter werden wir dazu kommen, Ihn zu lieben.

Gott kennenlernen, zu Ihm ja sagen, sich Ihm anheimgeben, bereit sein, Ihm ganz zu gehören: das sind die Schritte, die den Inhalt einer Beziehung zu Gott ausmachen.

Nach den Worten und Bildern Teresas ist das Gebet die Geschichte einer Freundschaft zwischen Gott und uns Menschen.

Selbsterkenntnis und Demut

Der Weg mit Gott ist nicht nur Sache des Menschen, der sich seiner Grenzen bewußt ist, wiederholt Niederlagen einstecken muß und am Boden zerstört ist, sondern auch Sache eines Gottes, der allmächtig ist. Wir gehen unseren Weg mit dem Herrn im Vertrauen auf Ihn und in der Gewißheit, daß Er Großes an uns wirken kann. Wichtig ist dabei eine Haltung der Zuversicht und der Weite.

Wer sich selbst und die Entwicklung seines Lebens mit den richtigen Augen sieht, entdeckt, daß er aufgrund der ihm von Gott geschenkten Gnaden nicht besser ist als die anderen: alles ist ja das Werk des Herrn!

Demut:

Wenn wir von Demut sprechen, denken wir oft an Menschen mit gesenktem Kopf, die glauben, zu nichts fähig zu sein oder keine Begabung zu haben... wenigstens reden sie davon.

Handelt es sich dabei nicht um eine Karikatur der Demut, mit der man sich entweder lächerlich macht oder zumindest den anderen unglaubwürdig erscheint?

Nach den Worten Teresas heißt Demut, *in der Wahrheit leben, sich im Rahmen der Wahrheit bewegen*. Diese Haltung hilft uns, wahrhaftig zu sein – in der Beziehung zu uns selbst, zu unseren Mitmenschen und zu Gott.

Demut hat nichts zu tun mit einem Mangel an Selbstvertrauen, sondern mit der richtigen Einschätzung der uns von Gott geschenkten Gaben und Talente. Wer sich selbst mit ehrlichen Augen anschaut, wird Licht und Dunkelheit, Fähigkeiten und Mängel entdecken. Schritt für Schritt wird er den Mut gewinnen, diese Situation zu bejahen.

Teresas Anliegen ist klar: Wahrheit und Zuversicht.

Wer den Weg des Gebetes beginnt, muß sich auf der Basis der Wahrheit – Demut – befinden. Unwahrheit stellt keine solide Grundlage dar, denn nur die Demut ist das adäquate Fundament für das ganze Gebäude.

Wer sich auf den Weg mit Gott einläßt, muß – ohne Verbitterung – alles annehmen, was auf ihn zukommt: was ihm gelingt und was ihm nicht gelingt.

Gott steht ja nicht zu uns, weil wir gut sind, sondern weil Er gut ist. So können wir – egal wie wir uns verhalten – immer mit Ihm rechnen, denn Er ändert sich nicht.

In der sechsten Wohnung finden wir eine Stelle, die uns erklärt, warum die Demut eine so große Bedeutung hat: *Ich überlegte einmal, aus welchem Grund wohl unser Herr so sehr die Tugend der Demut liebte, und da kam mir die Einsicht: weil Gott die höchste Wahrheit, die Demut aber nichts anderes ist, als in der Wahrheit zu wandeln.*

Um in dieser Haltung der Wahrheit leben zu können, ist es für uns wichtig, immer wieder auf Jesus Christus zu schauen, denn von Ihm werden wir lernen, worin die echte Demut besteht.

Selbsterkenntnis:

Wiederholt werden wir ermutigt, die Selbsterkenntnis zu pflegen, da uns dies helfen kann, zur Demut zu kommen. Es ist ein großes Übel, wenn wir nicht wissen, wer wir sind. Dies führt uns ja zu falschen Annahmen, zu Täuschungen und zu Fehlplanungen, weil wir uns aus Unkenntnis nicht richtig einschätzen.

Die Demut wirkt nämlich wie die Biene, die im Stock den Honig bereitet. Bedenkt aber, daß die Biene es nicht versäumt hinauszufliegen, um den Nektar der Blüten zu sammeln. Genauso muß es die Seele mit der Selbsterkenntnis halten. Glaubt es mir und fliegt zuweilen aus, um die Größe und Majestät eures Gottes zu betrachten. Da wird die Seele ihre Niedrigkeit eher entdecken als in sich selber.

Als große Hilfe und Ergänzung zur Selbsterkenntnis wird uns die Erkenntnis Gottes empfohlen. Erst in der Beziehung zu Gott werden wir die richtige Proportion unserer Mängel und Fähigkeiten entdecken: die relative Bedeutung der Mängel, da Gott größer ist als unsere Fehler, aber auch die relative Bedeutung unserer Fähigkeiten, da sie zwar einen großen Wert haben, aber im Vergleich zu Gottes Vollkommenheit doch nur begrenzt sind.

Die Selbsterkenntnis soll im Verlauf unseres Weges unser ständiger Begleiter sein: notwendig für die Anfänger und sinnvoll für die Fortgeschrittenen.

Ich weiß nicht, ob ich es recht verständlich gemacht habe; denn es ist eine so wichtige Sache, dieses Erkennen unseres eigenen Ichs, daß ich wünschte, ihr möchtet niemals darin ermatten, so hoch ihr auch in den Himmel emporgestiegen sein möget.

Eine große Hilfe zur Selbsterkenntnis ist die Gewissenserforschung. Ihren Schwestern empfiehlt Teresa die tägliche Gewissenserforschung am Mittag und am Abend, als Weg, die Wahrheit über sich selbst zu entdecken. Wer seine Schritte prüft, wer die Motivation seiner Handlungen überprüft, entdeckt die Werte, die den Kurs seines Lebens bestimmen und prägen.

Der Weg nach innen

Das Wesentliche geschieht im Inneren des Menschen – daher die Aufforderung auf den ersten Seiten der SEELENBURG, die Augen zum Zentrum zu richten.

Warum leben aber so viele Menschen an der Oberfläche?

Manche aus Mangel an Zeit, sie sind ja mit so vielen Dingen beschäftigt, andere aus Mangel an Ruhe und Stille, wieder andere aus Mangel an Mut.

Statt aus der Mitte zu leben, werden manche in ihrem Verhalten immer unpersönlicher und unverbindlicher.

Wesentliches Leben

Ein Weg, um wesentlich zu leben, liegt in der Entdeckung dessen, der in uns wohnt. Aus dieser Erkenntnis kann die Entscheidung folgen, in die Tiefe zu gehen, um dem Herrn zu begegnen.

Trotz dieser Entdeckung und Entscheidung darf man jedoch die vielen Möglichkeiten der Ablenkung nicht vergessen. Das Problem liegt nicht so sehr irgendwo draußen, sondern in uns selbst: manche laufen vor der Welt davon, sie ziehen sich zurück und sind hin- und hergerissen – und am Ende kommen sie darauf, daß die Welt mit ihnen mitgelaufen ist.

Es gelingt uns nicht immer, eine totale Trennung von den äußeren Dingen zu vollziehen, und das hat Folgen: die Situation raubt uns die innere Vitalität, unsere Widerstandskraft nimmt ab... wir werden besiegt.

Wer kennt nicht diese Erfahrung?

Wir verbluten innerlich, wir sind zerrissen, und es gelingt uns keine konsequente Haltung.

Teresa will mit solchen Überlegungen nicht so sehr den moralischen Kampf des Menschen betonen, sondern vielmehr auf die Tragik hinweisen, die daraus entstehen kann:

Die innere Spannung und Zerrissenheit machen uns unfähig zur Begegnung mit dem Herrn.

Nicht selten machen wir die Erfahrung, daß in uns zwei Seelen wohnen: die eine zeigt uns gewisse Werte, die andere lenkt uns davon ab. Da gibt es die Stimme der Ermutigung, des religiösen Eifers und der Sehnsucht nach mehr und die Stimme der Bequemlichkeit, der Faulheit, des kleineren Widerstandes.

Auf welche Stimme ich höre, hängt von meiner Haltung ab: ob ich auf mich oder ob ich auf Christus schaue.

Der innere Kampf in unserem Herzen zwingt uns immer wieder, Entscheidungen zu treffen:
– ob wir uns von Christus leiten lassen oder von anderen Werten,
– ob wir weitermachen oder aufgeben,
– ob wir uns für das entscheiden, was wir mit den Augen des Körpers sehen, oder für das, was wir mit den Augen des Herzens wahrnehmen.

Das Leben eines Christen ist der Weg von der Außenzone der Burg bis zu der Wohnung, in der Gott wohnt. Unterwegs finden wir Zwischenräume und Wohnungen, die von uns jeweils neue Entscheidungen verlangen. Unser Weg ist ein Wechselspiel zwischen Ruf und Antwort, zwischen Antwort und totaler Hingabe.

Wir leben in einem Spannungsfeld, und zwar nicht nur in der Spannung zwischen Anfang und Ende, sondern auch in der Spannung zwischen Wollen und Nicht-Können, zwischen Hören und Überhören.

Wir leben in Spannung zwischen der Anziehungskraft Gottes und der Anziehungskraft der Dinge, Menschen und Gewohnheiten.

Teresa beschreibt diesen Kampf im Zusammenhang mit dem Weg des Gebetes, weil das Gebet den inneren Entwicklungsstand des Menschen zeigt. Von hier aus sind die Ratschläge, die Teresa gibt, zu verstehen:
– Den Weg mit Entschlossenheit gehen. Da unser Weg nicht Sache eines Tages ist, sollen wir bereit sein, daran zu arbeiten.
– Wer diesen Kampf im Herzen intensiv erlebt, darf dadurch nicht verunsichert sein, denn je besser die Anlage ist, die ein Mensch mit sich bringt, desto mehr wird er geprüft und geläutert.
– Sinn und Zweck unserer Bemühung ist es ja, unseren Willen dem Willen Gottes anzugleichen.

Der Weg verlangt viel von uns. Da wir uneins im Herzen sind, ist es für uns sinnvoll, mit Menschen zusammenzukommen, die so wie wir unterwegs sind und uns dabei Stütze sein können. Natürlich wäre es noch besser, fügt Teresa hinzu, den Kontakt mit jenen zu pflegen, die bereits in schönere Wohnungen hineingelangt sind. Aus dem Gespräch mit ihnen können wir Ermutigung und Hilfe bekommen. Ihr Leben ist für uns ein Beweis dafür, daß der Weg zu schaffen ist.

Ein langer Weg zwar, aber an der Hand des Herrn auch für uns möglich.

Wegstrecken

Der Lebensweg, der in der SEELENBURG beschrieben wird, hat zwei markante Strecken: eine asketische, in der es vor allem auf unsere eigene Bemühung ankommt, und eine mystische, in der Gottes Mitwirkung entscheidend ist.

Wenn wir diese Unterteilung im Rahmen der sieben Wohnungen betrachten, ist festzustellen, daß die drei ersten Wohnungen zum asketischen und die drei letzten zum mystischen Bereich gehören. Die vierte Wohnung bildet eine Art Brücke zwischen den beiden Blöcken.

Der Mensch muß lernen, sich in der asketischen Etappe anders zu verhalten als in der mystischen, da auch Gott jeweils ganz anders handelt.

Der Weg der SEELENBURG ist ein Versuch, nach innen zu gelangen, bei dem die Protagonisten ihre Rolle im Verlauf des Weges austauschen. Während der Mensch in den ersten Wohnungen aktiv und tätig ist, muß er später lernen, in einer Passivitätshaltung zu leben. Dabei handelt es sich allerdings um eine aktive Passivität, die uns beweglich und resonant für Gottes Impulse macht. Sich auf Gott einzulassen bedeutet ja, frei zu werden von sich selbst, um hellhörig und verfügbar für Gott sein zu können.

Auf dem Weg zur totalen Einheit mit Gott sind Verwandlungen für uns Menschen sehr oft eine schmerzliche Erfahrung: Geben und Empfangen, Aktivität und Passivität, Tragen und Sich-Tragen-Lassen.

Dies bedeutet sehr oft das Aufgeben und Sich-Trennen von einem bekannten Modus:

- wo wir gewohnt waren zu geben, sind wir eingeladen, uns beschenken zu lassen;
- wo wir versuchten, vieles zu unternehmen, werden wir aufgefordert, stehenzubleiben, zu warten, es geschehen zu lassen.

Die dritte Wohnung

Fromme Menschen bekommen beim genauen Lesen der dritten Wohnung eine Gänsehaut.

Warum?

Lob und Kritik, Bedenken und Freude sind hier die Akzente, mit denen wir uns anfreunden sollen.

Gute Menschen

Bei der Beschreibung des Menschen, der bis hierher gekommen ist, verwendet Teresa zunächst viele Worte des Lobes und der Anerkennung, in der Überzeugung, daß dieser Zustand sehr wünschenswert ist:

Der Mensch hat die Kraft gehabt, gegen Versuchungen zu kämpfen, er bemüht sich jetzt, mit Geld und Besitz gut umzugehen, setzt sich ein für Menschen in Not und nimmt sich Zeit, regelmäßig zu beten.

Dieser Mensch aber, der auf dem Weg mit Gott so viel getan hat und trotz Versagen immer wieder vom Boden aufgestanden ist, ist der Gefahr ausgesetzt, dies alles vor Gott als eine Art Verdienstkatalog anzuführen – in der Meinung, er könne darauf pochen und manche Ansprüche stellen... Religiös gesehen, hat er ja tatsächlich viel erreicht!

Was kritisiert nun Teresa?

Ich habe den Eindruck, daß sie fürchtet, es sei mehr Schein als Sein, was wir bei diesen religiösen Menschen sehen. Sie machen viel für Gott, doch der Motor ihrer Religiosität ist ihr Verstand. Sie bemühen sich, alles unter dem Gesichtspunkt einer vernünftigen Haltung zu tun, ihr Herz aber ist nicht dabei. Die Liebe ist noch nicht da!

Solche Menschen sind wie Bäume, die Früchte tragen und sie Gott zur Verfügung stellen. Sie bemühen sich sogar, immer mehr Früchte zu tragen. Sie geben Gott sehr viele Früchte, den Baum aber behalten sie für sich selbst.

Vieles tun sie für Gott, das Wesentliche aber fehlt noch. Es fehlt die Liebe, aus sich selbst herauszugehen, die Liebe, sich selbst zu vergessen.

Es fehlt die persönliche Hingabe: es geht ja nicht so sehr darum zu geben, was sie haben, sondern was sie sind.

Stein des Anstoßes

Mit diesem Wort leitet Teresa die dritte Wohnung ein:
sie wird Stein des Anstoßes
für jene, die in ihrer Frömmigkeit unbeweglich geworden sind,
für jene, die Gott vieles von sich geschenkt haben, doch nicht sich selbst,
für jene, die sich selbst den Rahmen für ihre Hingabe abstecken,
für jene, die sich ihrer geistigen Erleuchtungen so sicher sind, daß nicht einmal Gott sie in Frage stellen darf,
für all jene, die gut sind, aber nicht besser sein wollen,
für all jene, die Gott einsagen, wie Er sie führen soll.

Bei den Erklärungen Teresas werden einige subtile Verschiebungen angedeutet:

Eine Verkürzung der christlichen Berufung führt uns zu einer verwässerten Lebensgestaltung – wie bei einem Adler, der die Lebensgewohnheiten der Hühner annimmt. Teresa zeigt, daß diese Art des Gehens uns nicht sehr weit bringt. Wir machen nur kleine Schritte – wie die Hühner –, auch wenn wir eine Adlernatur haben.

Dieser Vergleich rüttelt uns vehement auf: wir leben nicht entsprechend der Anlage, die Gott uns geschenkt hat. Wir fressen Körner und sättigen damit zum Teil unsere Gier. Dabei führen wir aber ein Leben, das unserer christlichen Natur nicht ganz entspricht.

Es fehlt uns noch an Liebe: Wir brauchen eine Kurskorrektur, um zu entdecken, daß es sich in der Beziehung zu Gott nicht um die Multiplizierung von religiösen Übungen und Abtötungen handelt, sondern um die Hingabe der eigenen Person.

Der Mensch braucht den Mut, seine religiöse Haltung nicht nur mit dem Verstand, sondern auch mit dem Herzen zu sehen. Dabei darf er nicht vergessen, daß Gott vieles mit anderen Augen sieht als wir, deswegen werden wir auch immer wieder von Gott überrascht.

Ein weiterer Grund, warum die dritte Wohnung ein Stein des Anstoßes sein kann, ist im Verhalten Gottes zu finden: Gott antwortet auf unsere asketischen Bemühungen. Doch Seine Antwort entspricht nicht immer unseren Vorstellungen und Erwartungen. Auf einmal zeigt Gott uns, daß Er der Protagonist ist: Er agiert, und der Mensch re-agiert.

Für den Menschen, der sich auf Gottes Aktion einläßt, beginnt nun eine neue Etappe – für den hingegen, der sich von Gott nicht in Frage stellen läßt, endet ein kurzer Traum.

Zwischen Tür und Angel

Im Verlauf des Buches behandelt Teresa am Rande einige Themen, die für unser religiöses Leben wichtig sind. Da es unmöglich ist, in diesem Heft alles zu besprechen, habe ich folgende ausgesucht:

Wen suchst Du?

Ein Mystiker sieht das religiöse Leben mit ganz anderen Augen als wir.

Es mag wohl ein wenig hart klingen, wenn ich etwa behaupte, daß nicht jeder, der das Gebet sucht, automatisch auch Gott sucht.

In den verschiedenen Wohnungen werden wir immer wieder mit egoistischen Haltungen konfrontiert:

Schon in der zweiten Wohnung wird der Anfänger aufgefordert, auf Christus zu schauen, denn dann verliert er nicht so schnell den Mut, wenn er versagt. Das Schauen auf Christus wird ihm helfen, sich selbst und seine Wehwehchen zu vergessen, um mit dem Herrn zu gehen.

Der Umgang mit dem Herrn bringt in uns manches in Bewegung, manches zur Entfaltung.

Wenn das Fundament nicht in Ordnung ist, können wir darauf kein Haus bauen. Wenn die Basis unserer Beziehung zu Gott ungesund ist, wird unsere Religiosität keinen Bestand haben. Viele bauen auf Sand, und eines Tages stürzt alles ein: sich selbst, den eigenen Nutzen beim Gebet zu suchen, heißt auf Sand zu bauen.

Manche Menschen suchen nicht so sehr die Begegnung mit dem Herrn, sondern das Gefühl der Nähe. Wenn sie mit Trockenheit konfrontiert werden, beklagen sie sich, unterlassen das Gebet und vergessen die Zeit für Gott.

Auf dem Weg des Gebetes – in der freundschaftlichen Beziehung zu Gott – muß das egoistische Denken des Menschen Schritt für Schritt abgebaut und verwandelt werden.

Der Weg mit dem Herrn verlangt Mut und Entschlossenheit. Wer sich auf Ihn einläßt, weiß ja, daß es Teilnahme am Leben und Schicksal Jesu bedeutet. Dann ist es nebensächlich, ob die Schritte des Weges leicht oder schwer sind, ob sie Erfolg oder Mißerfolg mit sich bringen. Es ist ein Leben mit dem Herrn auf Biegen und Brechen.

Sünde und Teufel

Wiederholt spricht Teresa von der Macht und den Angriffen des Teufels. Man kann sagen, daß der Kampf mit dem Teufel – damals gab es eine sehr personifizierte Vorstellung von ihm – in jeder Wohnung vorkommt. Wenn der Teufel auch nur eine kleine Chance sieht, versucht er viel daraus zu machen. So genügt schon eine ganz kleine Öffnung, damit wir mit tausend Schwierigkeiten konfrontiert werden. Dieses Denken ist uns zum Teil fremd, da wir erst bei moralischen Fehlern aufhorchen. Eine kleine Öffnung, die Ausdruck von Oberflächlichkeit, Desinteresse oder Vermessenheit sein kann, ist Ursache von vielen Übeln.

Ganz im Vertrauen hören wir von Teresa, daß vor allem jene Menschen, die eine gute spirituelle Veranlagung haben, sehr intensiv versucht werden. Der Teufel will nämlich mit allen Mitteln verhindern, daß solche Menschen voranschreiten.

Zur Taktik des Teufels gehört die Täuschung.

Wenn Teresa die mystischen Gnaden beschreibt, betont sie ausdrücklich die Möglichkeit, getäuscht zu werden. In der SEELENBURG erklärt sie, woran wir erkennen können, ob es sich um das Werk Gottes oder um das Werk des Teufels handelt.

Ihre Worte sind klar und verläßlich, eine gute Stütze, um den richtigen Weg nicht zu verlieren.

Die Beschreibung der Sünde bekommt in den einzelnen Wohnungen verschiedene Betonungen:

Sünde hat mit Übertretung von Normen zu tun.

Sünde kann aber auch Ausdruck von Blindheit sein, wenn wir uns von Werten bewegen lassen, die im Grunde genommen keinen Wert haben,

Sünde wird mit der Zeit – aufgrund der Erfahrungen der Großzügigkeit Gottes – Undankbarkeit im Umgang mit dem bedeuten, der so viel für uns tut und getan hat.

Der Mensch bleibt immer schwach, darum soll er auf Ihn schauen. Unsere Reaktion der Sünde gegenüber wird mit der Zeit immer wesentlicher. Wenn uns am Anfang der Gedanke der Strafe bewegt hat, ist es jetzt der Gedanke, der Liebe nicht zu entsprechen. Je größer das Geschenk ist, das man empfängt, desto größer ist der Schmerz, wenn man versagt.

Werdegang des Gebetes

Da das ganze Buch die Beziehung zwischen Gott und dem Menschen behandelt, spricht Teresa manchmal von den verschiedenen Stufen des Gebetes.

Der Vorgang der Meditation wird klar beschrieben und erörtert, da es sich dabei um eine Stufe des Gebetes handelt, die im Leben sehr vieler Menschen eine entscheidende Rolle spielt.

In der sechsten Wohnung erklärt Teresa, was sie unter Meditation versteht: *Meditation nenne ich ein langes Nachsinnen mit dem Verstand...* In der Folge zeigt Teresa die Bedeutung und die Grenzen der meditativen Form auf:

– Durch das Nachsinnen kommt der Mensch zur Entdeckung dessen, was wir Gott schulden, und dessen, was der Herr für uns getan hat. Dieser Einstieg führt uns zur persönlichen Begegnung und zum Gespräch mit dem Herrn.

- Bei manchen Menschen besteht allerdings die Gefahr, daß sie die ganze Zeit des Gebetes damit verbringen, großartige Überlegungen und theoretische Ideen zu produzieren. Dieser Gefahr tritt Teresa entgegen, wenn sie uns sagt: *Gebet besteht nicht darin, viel zu denken, sondern viel zu lieben.*
- Es gibt aber auch Menschen, die große Schwierigkeiten mit dem meditativen Vorgang haben. Die Folge davon sind die berühmten Zerstreuungen.

Manchmal glauben wir uns in unseren religiösen Bemühungen bestätigt, weil wir das Gefühl der Nähe Gottes spüren.

Andere Male aber werden wir von unserer Phantasie so arg geplagt, daß wir meinen, sie sei nicht zu bändigen. Es gibt Menschen, die derartige Engpässe erleben, weil ihre Gedanken bei keinem Thema ruhig bleiben: sie sind wie unruhige Nachtfalter, die hin und her flattern.

Viele übersehen allerdings, daß das Wesen des Gebetes nicht darin besteht, während der Gebetszeit an nichts anderes zu denken. Gebet ist ja nicht eine Konzentrationsübung, sondern Begegnung mit dem Herrn.

Wie tröstlich ist es zu hören, daß es sich trotz vieler Zerstreuungen um ein tiefes und gutes Gebet handeln kann. Diese Aussage könnte ja verhindern, daß wir den Mut verlieren.

Als eine außerordentlich gute Form der Meditation empfiehlt Teresa, *den Herrn in unserem Inneren zu suchen.* Sie weiß aus Erfahrung, daß nicht jeder Mensch seine Kräfte dafür einsetzt, sich in sich selbst zu vertiefen, bis er den großen Schatz findet, der in uns allen liegt.

Um den Unterschied zwischen aktiver und passiver Sammlung zu erklären, verwendet Teresa einige Bilder:

- *Igel und Schildkröte* sind für uns wohlbekannte Tiere, die in gewissen Situationen der Angst oder Gefahr eindeutig reagieren: sie können in sich hineingehen oder sich einrollen, wenn und wann sie wollen.

- Im Unterschied zu dieser Haltung erzählt Teresa von der Kraft des *Pfeifens eines Hirten.* Mit einem sanften Pfeifen lockt er die Schafe, damit sie nicht länger verloren umherirren, sondern zu seiner Wohnung zurückkehren.

Diesen Zustand können wir aber nicht nach Belieben herbeiführen, sondern nur wenn Gott uns diese Gnade schenkt. Hier handelt es sich um das Wirken Gottes und nicht um die Leistung des Menschen.

Folgen des Gebetes

Gebet ist kein Selbstzweck, da Begegnung nicht die eigene Person, sondern die Person des Anderen als Ziel hat. Gebet als Begegnung mit Gott, so schreibt Teresa in der sechsten Wohnung, heißt nicht, mit niedergeschlagenen Augen herumzulaufen, um die Andacht nicht zu verlieren.

Werke will der Herr! Aus der Begegnung mit Gott muß der Mut zum Dienen wachsen:

- es ist sinnvoller, einem Kranken zu helfen, als das eigene Wonnegefühl zu suchen;
- sich über andere zu freuen, die gelobt werden, ist nützlicher, als an das eigene Lob zu denken;
- entscheidend ist es, dem Beispiel Jesu zu folgen. Er hat uns gelehrt, für die Mitmenschen alles herzugeben.

Zu den Grundgedanken Teresas zählt die Behauptung, daß es viele Wege gibt, auf denen Gott die Menschen führt. Der meditative Vorgang ist ein guter Weg, aber nicht der einzige.

Das Wichtigste ist nicht diese oder jene Form des Gebetes, sondern die persönliche Begegnung mit dem Herrn. Die Form ist zweitrangig.

Die beste Form des Gebetes – Begegnung mit Gott – wird immer jene sein, die unser Leben am meisten verwandelt, uns vom Kreisen um uns selbst befreit und unsere Augen fähig macht, den Herrn zu sehen.

Weite des Herzens

Sich den Inhalt der SEELENBURG anzueignen heißt, das Wirken Gottes mit eigenen Augen zu sehen, denn Gott, der Herr, ist in der Lage, aus einem jeden von uns etwas Großartiges zu machen.

Die Gewißheit des Wirkens Gottes darf uns aber nicht zur Vermessenheit führen. Wir sind ja noch am Anfang des Weges – *wie ein kleines Kind, das zu saugen begonnen hat*, lesen wir in der vierten Wohnung.

Wer sich auf Gott einläßt, wird immer wieder neue Seiten an Ihm entdecken. Im Zusammenhang mit dem Wirken Gottes spricht Teresa vom Aufhören oder Verschwinden der Angst. Angst hat mit Enge zu tun, der Geist des Herrn bringt aber Weite.

Wo der Herr am Werk ist, verschwindet Schritt für Schritt die ganze Bandbreite von Angstsituationen.

Die Weite des Herzens ist ein Geschenk Gottes, und wer den Weg mit Gott wagt, wird eines Tages von der Weite des eigenen Herzens überrascht.

- Weite läßt in uns die Angst vor der Hölle verschwinden, da wir aus einem lebendigen Vertrauen auf Gott leben. Wir sind von Ihm angenommen. Er ist allmächtig. Auch wenn wir versagen und Ihm untreu werden, bleibt Er doch treu.
- Weite schenkt uns eine große Gelassenheit in der Konfrontation mit Krankheit und Leid.
- Weite läßt uns die relative Bedeutung der Werte dieser Welt erkennen. Die mit Gott gemachten Erfahrungen haben uns auf eine weitere Dimension des Lebens aufmerksam gemacht.

Wer sich auf Gott einläßt, wird frei von engen Horizonten: das Vertrauen auf Gott befreit uns von Engherzigkeit und läßt uns im Inneren weit werden, da die Enge der Angst verschwindet.

Mit Gott unterwegs

In der SEELENBURG beschreibt Teresa in klarer Sprache Gottes Haltung uns Menschen gegenüber auf den verschiedenen Entwicklungsstufen einer freundschaftlichen Beziehung. Der Gott, mit dem wir zu tun haben, gleicht sich unserer Seinsart und unserer religiösen Entwicklung an, damit wir Ihn und Sein Verhalten verstehen.

In den ersten Wohnungen hören wir von einem Gott, der menschliche Züge aufweist:

Dem suchenden Menschen gibt Gott sich zu erkennen.

Er ruft den Menschen immer wieder. Gottes Mitteilung geschieht aber normalerweise indirekt oder mittelbar, etwa durch Menschen oder durch die Lektüre religiöser Bücher, durch Krankheiten oder Schicksalsschläge oder ganz einfach durch Alltagsereignisse.

Die Liebe Gottes zu uns Menschen drängt Ihn, sich uns mitzuteilen.

Gott legt Wert auf den Kontakt mit dem Menschen. Er verläßt ihn nicht, auch wenn dieser versagt hat, Er kommt ihm entgegen, spendet unseren guten Taten Beifall und lobt unsere Bemühungen. Einige Zeit lang läßt Gott uns Anerkennung und Bestätigung im Herzen erfahren, und dies spornt uns sehr an.

Eines Tages aber stehen wir vor einer uns unerklärlichen Situation: Gott reagiert nicht mehr, Er antwortet nicht auf unsere Gebete. Wir stehen wie vor einer Mauer und beginnen daran zu zweifeln, ob Gott tatsächlich dahinter steht oder jemals gestanden ist. Vielleicht haben wir immer Selbstgespräche geführt...?

Für uns bricht eine Welt zusammen, und eine Anzahl von Fragen plagt uns: Was habe ich falsch gemacht?

Ist Gott von mir total enttäuscht? Hat Gott mich vergessen, oder braucht Er mich nicht mehr?

Wie klug erklärt uns Teresa dieses Verhalten Gottes: Gott geht uns nicht mehr nach, Gott geht uns voraus. Diese Änderung zeigt uns, wie wenig stabil und fest unser Glaube ist. Wir meinten, Gott zu lieben und Ihn allein zu suchen. Wir glaubten, selbstlos zu sein... Jetzt aber, wo Gott uns ein anderes Gesicht zeigt, werden wir unsicher. Oft genügt eine Kleinigkeit, um uns wackelig zu machen. Der Applaus, die Anerkennung Gottes fehlen uns, und dies läßt uns schon zweifeln. Seine gewollte Verhaltensänderung soll uns aber auf etwas aufmerksam machen:

Gott gibt uns zu erkennen,
daß Er uns den Weg zeigt,
daß Er den Rhythmus unserer Schritte vorgibt,
daß Er anders handelt, als wir es Ihm vorschreiben wollen.

Gottes Reaktion bringt uns durcheinander: Er gibt sich nicht zufrieden mit unseren Taten und Gebetsübungen, denn Er hat gesehen, daß wir zu noch größeren Dingen fähig sind. Es geht nicht um die Multiplizierung von Werken, sondern um die Hingabe der eigenen Person.

Gottes Erwartungen kristallisieren sich immer mehr heraus: Wo wir Menschen auf unsere gelungenen Werke und Schritte pochen, läßt Er uns erkennen, daß wir mit all dem nur unsere Schuldigkeit getan haben.

In den darauffolgenden Wohnungen werden wir wiederholt eingeladen, uns Gott ganz zu überlassen. Wenn unsere Liebe wächst, werden wir nichts anderes wollen, als daß Gott mit uns mache, was Er will.

Mit einem schönen Vergleich werden wir ermutigt, bereit und verfügbar für den Herrn zu sein: wir sollen uns verhalten wie das Wachs, wenn jemand ihm ein Siegel aufdrücken will – das Wachs ist bereit, es ist weich und läßt es geschehen. Gott will, daß wir gefügig sind.

Der Gott der mystischen Wohnungen ist ein an uns Menschen handelnder Gott.
Er beschenkt uns, damit wir uns auf Ihn einlassen;
Er läutert uns, damit wir nicht uns selbst, sondern Ihn suchen;
Er nimmt uns in Anspruch und rechnet mit unserer Mitarbeit;
Er sendet uns zu den Menschen, um Sein Werk fortzusetzen;
Er erwartet von uns innere Beweglichkeit, denn Er will uns modellieren und ummodellieren.

Schritte der Liebe

Das Gebet wird als das Gespräch zwischen Freunden beschrieben. Eine freundschaftliche Beziehung ist ein langer Weg: Schritte der Entdeckung, die uns dazu führen, den anderen zu bejahen und den Weg mit ihm zu wagen.

Teresa findet kein passenderes Bild, um die Beziehung zwischen Gott und den Menschen zu erklären, als die Ehe.

Wie menschlich und zugleich treffend beschreibt sie den Weg.
Immer wieder sind Begegnungen notwendig, die uns dabei helfen sollen, einander kennenzulernen und zu sehen, ob wir zueinander passen. Dadurch kommen wir soweit, einander zu vertrauen.

Viele Schritte und viele kleine Entscheidungen sind für den Menschen nötig, bis er sich auf Gottes Angebot einläßt. Eine freundschaftliche Beziehung zu Gott ist keine unverbindliche Angelegenheit.

Wer sich auf einen anderen, auf den Weg mit ihm einläßt, muß Schritt für Schritt den Blick von sich selbst ab- und auf den anderen hinlenken: sich selbst vergessen, auf den anderen schauen, den anderen in den Mittelpunkt stellen.

Bei der Erklärung der mystischen Stufen wagt Teresa das Bild der Ehe genauer zu erklären.

Nach einer Zeit des Kontaktes und des Kennenlernens, erzählt Teresa in der fünften Wohnung, kommt es zur Verlobung. Ein Zustand, der als unmittelbare Vorbereitung auf die Ehe betrachtet wird.

Das Angebot Gottes kann der Mensch aber verspielen, wenn er sich etwa mit ganz anderen Dingen beschäftigt. Im Verlauf ihrer Erklärungen betont Teresa sehr klar, welche Rolle der Mensch und welche Gott spielt. Gott ist der Geber, der Mensch der Empfänger. Gott wirkt, und der Mensch soll es geschehen lassen. Hier wird deutlich, wie viele Schritte der Mensch machen muß, bis er diese Haltung des totalen Vertrauens erreicht.

Die Ehe oder Vermählung wird als endgültiger und unwiderruflicher Schritt gesehen – die totale Einheit zwischen Gott und dem Menschen.

Mehrere Bilder sollen uns helfen, diese mystischen Zustände zu verstehen.

Die Verbindung in der Verlobung ist noch nicht endgültig:

Obwohl »Vereinigung« bedeutet, daß zwei Dinge sich zu einem verbinden, können sie sich schließlich doch wieder trennen und jeder für sich bleiben. So erleben wir es oft, daß jene Gnade des Herrn schnell vorübergeht und die Seele sich danach nicht mehr in jener Gemeinschaft befindet; ich meine: nicht mehr so, daß sie es merkt.

Die Vereinigung gleicht zwei Wachskerzen, die man so dicht aneinanderhält, daß beider Flamme ein einziges Licht bildet; und sie ist jener Einheit ähnlich, zu der der Docht, das Licht und das Wachs verschmelzen. Danach aber kann man leicht eine Kerze von der anderen trennen, so daß es wieder zwei Kerzen sind, und ebenso läßt sich der Docht vom Wachs lösen.

In der Vermählung kommt es hingegen zu einer solchen Einheit, daß es keine Trennung mehr gibt.

Es ist, *wie wenn Wasser vom Himmel in einen Fluß oder eine Quelle fällt, wo alles nichts als Wasser ist, so daß man weder teilen noch sondern kann, was nun das Wasser des Flusses ist und was das Wasser, das vom Himmel gefallen; oder es ist, wie wenn ein kleines Rinnsal ins Meer fließt, von dem es durch kein Mittel mehr zu scheiden ist; oder aber wie in einem Zimmer mit zwei Fenstern, durch die ein starkes Licht einfällt: dringt es auch getrennt ein, so wird doch alles zu einem Licht.*

Ergänzungsbilder, die Teresa dem Alltag entnommen hat, führen uns einen sehr menschlichen Gott vor Augen:
- wie ein Verliebter umwirbt Er Seine Braut,
- Er macht ihr bei gewissen Anlässen besondere Geschenke,
- Er zeigt ihr Seine Vorzüge, Seine Einmaligkeit und Seine Allmacht.

Mit all diesen Schritten will Er ja die Aufmerksamkeit des Menschen auf sich lenken und den Menschen für sich gewinnen.

Mit der genauen Beschreibung dieser Ereignisse aber rückt Teresa mystische Phänomene ins rechte Licht:

Es sind Geschenke, auf die der Mensch – trotz Nachfolge und großzügiger Religiosität – kein Recht hat. Es sind Zeichen, die der Herr setzt, damit wir Seine Größe entdecken.

Schwierigkeiten auf dem Weg

Der Weg mit Gott ist keine geradlinige Entwicklung, sondern eine Summe von Höhen und Tiefen, von großzügigen und engherzigen, von vorwärts- und rückwärtsgehenden Schritten.

Schon in der ersten Wohnung hören wir vom Ungeziefer, das mit uns in die Burg mit eindringt und uns ablenkt. Das Wort Ungeziefer zeigt deutlich, daß wir diese Schwierigkeiten mit Leichtigkeit erkennen können.

Nicht so offenkundig nähert sich uns eine andere Gefahr: die falsche Demut. Welch getarnte Formen nimmt diese doch an! Wir meinen, es sei Hochmut, sich zu großen Dingen zu entschließen, ein Gebetsleben zu führen oder anders zu leben als andere. Gefährlich ist eine falsche Demut, die uns daran hindert, die Sehnsucht nach Gott in uns wachsen zu lassen – aus Angst, doch nicht würdig zu sein. Sie ist in vielen Fällen die Ursache, warum manche Menschen nicht weiterkommen.

Als weitere Schwierigkeit entpuppt sich eine innere Zerrissenheit. Gottes Ruf führt den Menschen zu einem Kampf in seinem Inneren, denn er hört zwar die Stimme und sieht das Zeichen Gottes, aber er hört auch andere Stimmen und läßt sich von ihnen ablenken.

Auf einmal wird dem Menschen, der sich auf Gott einlassen will, bewußt, daß er bisweilen zerrissen ist: die eine Stimme ermutigt ihn, Gott gegenüber großzügig zu sein, eine andere aber lenkt ihn ab und zeigt ihm, wie wenig Sinn jede Anstrengung hat. Bei manchen führt dies zu einer halbherzigen und mittelmäßigen Hingabe.

Die Schwierigkeiten auf dem Weg sind sehr vielfältig in den Formen. Eines Tages sind es vielleicht Zerstreuungen und Trockenheit im Gebet, die unsere Schritte bremsen. Jede Bemühung, Gott zu begegnen, und jegliche Bereitschaft, für Ihn da zu sein, zerrinnen uns zwischen den Fingern.

In der sechsten Wohnung berichtet Teresa von Dingen, die Gott jenen Menschen zumutet, die Er für „Seine Braut" hält; dabei handelt es sich sowohl um große Gnaden als auch um große Prüfungen. Den Menschen fällt nicht alles in den Schoß. Die Liebe wird ja nicht aufgezwungen, sondern angeboten, so daß sie eine Antwort von uns erwartet. In solchen Situationen muß der Mensch zeigen, daß er Wert auf Gottes Liebe legt.

Er wird mit Grenzen und Widerwärtigkeiten konfrontiert:

Krankheiten, Leiden, Verleumdungen, Meinung der Leute... solche Situationen verwendet Gott, um uns zu verwandeln und um zu sehen, ob wir ganz zu Ihm stehen.

Schwierigkeiten auf dem Weg können aus einer falschen Einstellung entstehen, nämlich dort, wo wir manchen außergewöhnlichen mystischen Phänomenen zu große Bedeutung beimessen. Manche werden traurig, wenn Gott ihnen keine besonderen mystischen Gnaden schenkt... doch zum Glück führt Gott uns Menschen nicht alle gleich!

Wiederholt betont Teresa, daß die wahre Vereinigung nicht in solchen mystischen Gnaden besteht, sondern in der Übereinstimmung unseres Willens mit dem Willen Gottes.

Unser Kleinmut bereitet uns Schwierigkeiten in vielen Situationen: Mangel an Courage, Unsicherheit vor unbekannten Schritten. Unsere Ängste engen den Wirkungsraum Gottes in uns ein und verhindern die Entfaltung Seiner Pläne. Schon in der zweiten Wohnung hat uns Teresa gesagt: *Gott mag nicht, daß wir Seinem Wirken Grenzen setzen.*

Die erste Geige

Unsere Gesellschaft hat es uns immer wieder gelehrt: wir laufen im Stadion, wir trainieren, wir nehmen Strapazen auf uns, wir machen bei Turnieren und Wettbewerben mit, wir üben stundenlang auf unseren Musikinstrumenten, um den ersten Platz zu erringen.

Zweite Plätze sind nicht ganz so erstrebenswert – vor allem, wenn es nur zwei Plätze gibt. Der erste Platz im Büro, in der Schule, in der Gunst der Kollegen...

Auch in einer Freundschaft fällt es uns nicht leicht zu akzeptieren, daß der/die andere die erste Geige spielt, gerade in einer

Zeit, in der wir das Partnerschaftliche und die Gleichheit sehr stark betonen.

Im Gegensatz zu dieser Denkweise zeigt uns Teresa, daß trotz Bemühung und asketischer Anstrengung unsererseits Gott immer der Größere, Stärkere, Bessere, Selbstlosere in der Freundschaft zwischen Ihm und uns ist. Diese Erfahrung kann für uns schmerzhaft und schockierend, zugleich aber auch befreiend sein: Gott gibt uns zu erkennen, daß Er das Sagen hat, daß Er uns den Weg zeigt, daß Er die Initiative ergreift. Nicht jeder religiöse und fromme Mensch bejaht diese Situation aus ganzem Herzen, und das läßt eine negative Spannung zwischen Gott und uns entstehen.

Wir glauben Gott viel zu geben, wir bemühen uns um noch mehr Gebetsübungen, Abtötung, Dienstleistungen... – doch am Ende stellen wir fest, daß die Multiplizierung von religiösen Werken unsere Beziehung zu Gott nicht in Ordnung bringt. Wir geben Gott, was wir selbst Ihm geben wollen, nicht aber was Er von uns haben will; wir geben Gott zwar die Früchte, den Baum behalten wir jedoch für uns.

Zu den Erkenntnissen Teresas gehört die Tatsache, daß Gott der Geber ist, der Mensch aber der Empfänger. Gott agiert, und der Mensch reagiert.

Solange wir dies nicht entdeckt haben, werden wir uns in der Beziehung zu Gott nicht richtig verhalten: zuviel Eifer oder zu schnelles Handeln, zu wenig Empfangsbereitschaft, zu wenig Resonanz für den Herrn.

Die Raupe und der Schmetterling

Der Vergleich der Seidenraupe, von dem Teresa in der fünften Wohnung spricht, gehört zu den schönsten der christlichen Mystik:

Ihr werdet wohl schon von den göttlichen Wundern gehört haben, die sich bei der Seidenzucht offenbaren. Nur Er konnte so etwas erfinden. In einem Samenkorn, das wie ein kleines Pfefferkörnchen aussieht (ich habe es nie gesehen, sondern nur davon gehört; sollte also etwas verdreht sein, so ist es nicht meine Schuld) – in diesem Samenkorn also beginnt, sobald es warm wird und die Maulbeerbäume die ersten Blätter treiben, sich Leben zu regen. Ehe die Speise, von der es sich nährt, nicht da ist, ist es tot. Man zieht das winzige Wesen mit den Blättern des Maulbeerbaumes auf. Wenn es dann groß geworden ist, legt man ihm Zweiglein hin, und daran spinnt es, aus sich selber heraus, mit dem Mäulchen die Seide und macht eine dichte Hülle, worin es sich selber einschließt. Die Raupe, die nun groß und häßlich ist, stirbt, und aus der gleichen Hülle schlüpft ein kleiner, weißer, wunderhübscher Schmetterling hervor.

Dieses Bild wird in drei Akten beschrieben: Raupe, Hülle und Schmetterling.

Aufgabe der Raupe ist es, durch das Fressen von Blättern und kleinen Zweiglein zu wachsen und langsam groß und fett zu werden. Was mit Blättern gemeint ist, erklärt Teresa in einer sehr deutlichen Sprache:

Kehren wir jedoch zu dem vorhin Gesagten zurück. Diese Raupe nimmt Leben an, sobald sie in der Wärme des Heiligen Geistes sich der Hilfe zu bedienen anfängt, die Gott uns allen gemeinhin gibt; sobald sie beginnt, die Mittel zu gebrauchen, die Er in Seiner Kirche hinterlassen hat. (Regelmäßig zu beichten oder gute Bücher zu lesen und Predigten zu hören – das sind Heilmittel für eine Seele, die in Sorglosigkeit und Sünde erstorben ist, umringt von den Gelegenheiten zum Bösen.) Benutzt sie diese Mittel, so beginnt sie zu leben und nährt sich von diesen und den guten Meditationen, bis sie herangewachsen ist. Nur darauf kommt es mir an. Das andere ist unwichtig.

Ist diese Raupe nun ausgewachsen, so fängt sie an, die Seide zu spinnen und das Haus zu verfertigen, in dem sie sterben soll.

Bei einer genauen Überlegung dieser Beschreibung fällt auf, daß diese erste Phase unseres Bildes mehr oder weniger dem Umfang unserer christlichen Erwartungen entspricht. Was könnten wir uns in der Kirche mehr wünschen, als daß die Gläubigen sich weiterbilden, die Sakramente empfangen, sich Zeit für das Gebet nehmen und sich in der Beziehung zu den anderen ein wenig engagieren?

Nach den Erklärungen der Mystiker übersehen wir jedoch etwas Einschneidendes, wenn wir uns nur mit der ersten Ebene des Vergleichs beschäftigen. Wir verkürzen wesentliche Dimensionen der Nachfolge, die uns als Christen offen stehen! Sinn und Zweck der Raupe ist es nicht nur, groß zu werden, sondern die Hülle zu spinnen – wenn sie einmal ausgewachsen ist.

Der zweite Akt erweist sich aber im Alltag als problematisch, weil wir nur sehr selten bereit sind, unsere Hülle ganz zu spinnen... wir lassen lieber eine kleine Lücke offen für eventuelle Engpässe, die im Leben entstehen könnten.

Im Grunde genommen zeigt diese Haltung nur den Mangel und die Begrenztheit unseres Vertrauens zu Gott: wir möchten manches in Reichweite behalten, was uns im Notfall zur Verfügung stehen könnte.

Es fehlt uns der Mut, mit allem zu brechen, denn dann müßten wir uns nur mehr auf Gott verlassen. Wir rechnen zwar mit Gott und Seiner Hilfe, verlassen wollen wir uns aber nur auf das, was wir auf dem Weg mitgenommen haben.

Wir geben nicht alle Reserven unseres Proviants auf.

Diese zweite Stufe, bei der Gott und der Mensch in Einklang und Übereinstimmung arbeiten sollen, ist für uns nicht leicht. Auch wenn Gott uns mit einer Schocktherapie überrascht und uns manche Stützen wegnimmt, suchen wir uns sehr schnell einen Ersatz. Damit setzen wir Gottes Handeln ziemlich außer Kraft.

Vor uns steht als Aufgabe ein langer Weg des Wachstums im Vertrauen auf Gott, bis uns eine totale Loslösung gelingt. Teresa beschreibt es als Tod der Raupe, da sie sich ja von allem trennt und für alle unsichtbar wird.

Die Verwandlung, die in der dritten Phase geschieht, ist das Werk Gottes: aus der häßlichen Raupe wird ein wunderschöner Schmetterling.

Es handelt sich um ein gewagtes Bild, das uns aber auf wichtige Dinge aufmerksam macht:

Unser Dasein besteht nicht nur aus asketischen, sondern auch aus mystischen Schritten, unser Weg mit Gott beinhaltet Momente der menschlichen Tätigkeit und Momente, in denen Gott selbst am Werk ist.

Auf dem Weg mit Gott ist für uns Menschen nicht alles machbar: in vielen Situationen ist unser Einsatz und unsere Bemühung entscheidend, es gibt aber genauso Situationen, in denen wir uns beschenken lassen sollen: schenken, beschenkt werden, aktiv sein und sich passiv verhalten. Wichtig ist der Versuch, das richtige Verhalten im richtigen Moment zu entdecken.

Zumutung

In den verschiedenen Wohnungen konfrontiert uns Teresa mit Situationen, die von uns Mut verlangen.

Wir sind gewohnt, uns immer wieder zu fragen, wieviel wir uns, unserer Tüchtigkeit, unserer Intelligenz zumuten können.

Teresa spricht davon allerdings in einem anderen Zusammenhang. Es geht ja nicht nur darum, wieviel Mut wir aufbringen, etwas zu tun, sondern – und dies, glaube ich, ist sehr wichtig – wieviel Mut wir haben, an uns etwas geschehen zu lassen.

Wieviel mute ich Gott zu:
– an Liebe und Großzügigkeit:
Er nimmt mich an, nicht weil ich gut bin, sondern weil Er gut ist,
Er verzeiht mir und reicht mir die Hand,
Er wird nicht müde, es bei mir immer wieder von neuem zu probieren,
Er schenkt mir Sein Vertrauen, auch wenn ich versagt habe.
– an Interesse:
Er ruft mich,
Er will, daß ich Ihm gehöre,
Er beschenkt mich.
– an Verwandlungsmöglichkeit:
Er kann aus einer Raupe einen Schmetterling machen,
Er kann mein Herz heilen,
Er kann mir einen ganz neuen Anfang ermöglichen.

Ein Satz Teresas aus den ersten Wohnungen läßt uns aufhorchen: *Gott mag nicht, daß wir Seinem Wirken Grenzen setzen.* Eine objektive Betrachtung dieser Aussage läßt unsere innere Sicherheit ein wenig ins Wanken geraten. Zu hinterfragen, wieviel wir Gott zumuten, heißt ja zuzugeben, daß wir in den meisten Fällen Gott nur das zutrauen, was wir uns selbst zutrauen bzw. was nach unserem Gutdünken machbar ist.

Teresas Aussage klingt ganz anders: wir sollen Gott mehr zumuten als uns selbst, wir sind ja nur wie eine Ameise im Vergleich zum Herrn. Gottes Wirken keine Grenzen zu setzen, würde für uns bedeuten, Gott das für uns Menschen Unzumutbare und Unmachbare zuzumuten.

Die Begegnung mit Gottes Wirken an uns Menschen spornt uns an, den Mut aufzubringen, an uns etwas geschehen zu lassen. Diese Haltung ist nicht Ausdruck einer desinteressierten, sondern einer aktiven und wartenden Passivität.

Der Mut, etwas geschehen zu lassen, setzt sehr großes Vertrauen voraus: dies bedeutet ja, wie Wachs in den Händen eines anderen zu sein.

In diesem Vertrauen glaube ich, daß Er aus dem Wachs verschiedene Objekte und Figuren machen kann: eine Blumenvase, einen Aschenbecher, eine Tasse... Diese Fähigkeit mute ich Ihm zu.

Ich glaube darüberhinaus, daß Er aus dieser Wachsmasse, die ich bin, etwas macht, das gut zu mir paßt. Diesen Vorschuß an Vertrauen bringe ich ihm entgegen... wenn ich mir z.B. vorstelle, daß ich eine Blumenvase sein kann, Gott aber aus mir einen Mistkübel macht.

Der Mut, nach vorne zu schauen, setzt aber sehr oft den Mut voraus, sich von Vergangenem zu trennen. Ein schöner Vergleich im Wortschatz Teresas ist das Bild des Adlers, der sich wie ein Huhn bewegt und verhält. Ein Hühnerdasein aufzugeben und den Flug wie ein Adler zu wagen, wäre für uns nicht so unmöglich und schwer, wenn es nicht zugleich bedeuten würde, auf am Boden liegende Körner, die für uns sicheres Futter bedeuten, zu verzichten.

Es fehlt uns oft der Mut, bekannte Lebensgewohnheiten und festgetretene Wege aufzugeben und neue Schritte zu wagen.

In der sechsten Wohnung wird der Unterschied zwischen Gott und uns Menschen immer deutlicher. Manchmal steht er uns so deutlich vor Augen, daß es kaum mehr auszuhalten ist. Teresa empfiehlt uns Mut und Kühnheit:

Dazu bedarf es auch eines großen Mutes – denn es ist eine Aufgabe, vor der man verzagen möchte, und wenn unser Herr einem nicht die nötige Kühnheit gäbe, würde man stets in Angst und Kummer leben, wenn nämlich die Seele sieht, was Seine Majestät mit ihr tut, und dagegen an sich selber gewahrt, wie wenig sie leistet im Vergleich zu dem, wozu sie verpflichtet ist, und daß das bißchen, was sie tut, voller Fehler, Gebrechen und Schwachheit ist.

Wir brauchen Mut, nicht nur die eigenen Grenzen und die Unzulänglichkeit zu entdecken, sondern auch um sie zu bejahen. Es ist schmerzlich für uns Menschen festzustellen, daß wir Gottes Güte und Wohlwollen nicht entsprechen. Es ist aber zugleich tröstlich zu wissen, daß Gott sich von unserem mangelhaften Verhalten nicht beeinflussen läßt.
Er ist gut und handelt gut,
Er ist treu und handelt Seinem Wesen entsprechend.

Visionen

Die sechste Wohnung beschreibt genau, wie wir Menschen uns in solchen Situationen verhalten sollen. Die Reaktion gläubiger Menschen in Anbetracht von Erscheinungen ist sehr verschieden. Während die einen abwehrend reagieren und solchen Dingen ausweichen, suchen andere krampfhaft nach Visionen.

Als Grundsatz könnte gelten, daß Gott sich den Menschen auf einfache, unauffällige Weise, aber genauso durch übernatürliche Phänomene mitteilt.

Bedeutung der Visionen

Visionen oder ähnliche mystische Phänomene dürfen nicht als Belohnung für christliche Verdienste betrachtet werden.

Unter den Akzenten, die Teresa setzt, finden wir die Bemerkung, daß wir darauf achten sollen, daß nicht jede Einbildung in Zeiten des Gebetes automatisch eine Vision oder eine mystische Gnade ist ... die menschliche Natur kann aufgrund von Übermüdung, Krankheit oder schwacher Phantasie sehr anfällig sein. *Man sollte dafür sorgen, daß sie genügend schlafen und essen, bis sie wieder ordentlich zu Kräften kommen.*

Bei Menschen, die zur Melancholie neigen, soll man sehr vorsichtig sein, ergänzt Teresa im Buch *Klostergründungen*.

Zum Umgang mit diesen mystischen Gnaden muß festgehalten werden, daß sie nicht automatisch eine Garantie für Heiligkeit sind.

Wer solche Gnaden erhält, ist nicht heiliger als einer, der sie nicht bekommt, denn... Gott führt manchmal die Schwächsten auf diesem Weg.

Auf die Tugenden sollte man vielmehr schauen und darauf achten, wer mit der größten Selbstaufopferung, Demut und Reinheit des Gewissens unserem Herrn dient, denn sie wird die Heiligste sein. Freilich kann man das hier auf Erden nur mit geringer Sicherheit erkennen, ehe der wahre Richter einem jeden zuteilt, was er verdient. Da werden wir erschrecken, wenn wir sehen, wie sehr sich Sein Urteil von unserer Ansicht unterscheidet.

Arten von Visionen

Der Weg mystischer Phänomene und Gnaden ist gut und soll hochgeschätzt werden, doch er ist aus mehreren Gründen nicht unbedingt notwendig, schreibt Teresa in der sechsten Wohnung. Am sichersten für uns ist, meint sie, nichts anderes zu wünschen, als was Gott mit uns vor hat, Er kennt uns ja besser als wir selbst.

Und als wünschenswerte Haltung ermutigt sie die Menschen: *Legen wir uns vertrauensvoll in Seine Hände, damit immer Sein Wille geschehe.*

Wir hören von drei Arten von Visionen: körperliche, imaginäre und intellektuelle.

- Bei den körperlichen handelt es sich um jene, die mit den leiblichen Augen gesehen werden.
- Imaginäre oder bildhafte Visionen werden uns so erklärt:

Diese Vision ist vollkommener als jene, die wir mit den leiblichen Augen sehen; sie dauert kurze Zeit. Auch wenn sie mit einem Blitz verglichen wird, weil sie so schnell vorbei ist, bleibt sie so tief in uns eingraviert, daß sie nicht gelöscht werden kann. – Bei den intellektuellen Visionen handelt es sich um Folgendes:

Es kann geschehen, daß die Seele, während sie mit keinem Gedanken daran denkt, ja sogar wenn sie niemals der Meinung war, eine solche zu verdienen, plötzlich Jesus Christus, unseren Herrn, an ihrer Seite weiß, obgleich sie Ihn nicht sieht, weder mit den Augen des Leibes noch mit denen der Seele. Diese Gnade nennt man intellektuelle Vision, ich weiß nicht warum. Ich habe es erlebt.

Unterschied zwischen Einbildung und echter Vision

Bei einer bloßen Einbildung, einem Werk unserer Phantasie, bleibt keine Wirkung. In diesem Fall bleibt das Herz genauso kalt oder vielleicht noch kälter, als hätte man ein gemaltes Andachtsbild betrachtet.

Wo aber Gott am Werk ist, kommt es in uns zu Veränderungen, darum sollen wir Geduld haben und die Zeit abwarten, bis die Früchte wachsen: Demut und Beharrlichkeit sind wichtige Tugenden.

Für Gott und die Menschen

Die siebte Wohnung kommt uns Menschen sehr weit weg vor, einfach unerreichbar. In dieser Wohnung sehe ich aber die vollkommene Einheit zwischen Aktion und Kontemplation, Harmonie und Gleichgewicht zwischen Gebet und Apostolat – an sich Begriffe, die uns in der Praxis als unvereinbar erscheinen, da wir ja eher zur Einseitigkeit neigen.

Harmonie und Gleichgewicht

Die Beschreibung Teresas ist nicht nur ermutigend, sondern auch korrigierend, denn die größte Verinnerlichung in uns soll parallel zum selbstlosen Einsatz laufen, und die tiefste Orientierung auf Gott hin muß parallel zur größten Annäherung an die Menschen sein.

Teresas Erklärungen zeigen uns das Gleichgewicht zwischen Weg nach innen und Ausstrahlung nach außen.

In dieser Wohnung wird der Mensch Gott ähnlich... Gott ist ja Hingabe. Deswegen entdeckt der Mensch ganz deutlich seine Berufung zur Hingabe, und zwar eine Hingabe mit den Merkmalen und Akzenten, die uns Gott in Jesus Christus zeigt.

Treffend sind die Worte Teresas, wenn sie die Haltung des Menschen der siebten Wohnung beschreibt. Dieser Mensch hat bereits die geistige Vermählung erreicht, und hier gibt es keine Trennung mehr:
Der Mensch lebt ganz auf Gott hin zugewandt, deswegen
– sucht er nichts anderes als die Ehre Gottes,
– würde er aus menschlichen Gründen nichts unterlassen, was nach seinem Wissen ein Dienst für Gott wäre,
– wünscht er ganz sehnsüchtig, daß in allem der Wille Gottes geschehe.

Wenn wir noch weiterlesen, wird uns die Änderung, die sich in diesem Menschen vollzogen hat, ganz klar. Er lebt für den anderen, er sucht die Freude des anderen, er denkt an den anderen und seinen Vorteil.

Diese Veränderung läßt in uns aber manchmal die Meinung entstehen, daß solche Menschen sich selbst derart vergessen, daß man den Eindruck hat, sie existieren nicht.

Wer liebt, sucht nach Möglichkeiten, dem Anderen seine Liebe zu zeigen, Ihn seine Liebe erfahren zu lassen. Für den, der Gott liebt, gibt es keine ungünstige Situation und keine unpassende Zeit, Zeichen seiner Liebe zu setzen. Wer sich beschenkt weiß – der Mensch der siebten Wohnung kann Lobeshymnen über die Großzügigkeit Gottes singen – spürt das innere Bedürfnis, diese Liebe zu erwidern.

Im zweiten Teil der Wohnung kommt Teresa auf zwei kurze Themen zu sprechen, die sehr aufschlußreich sind: Leid und Taten.

Der Herr schenkt uns Seine Gnaden nicht so sehr, um uns zu verwöhnen, sondern vielmehr um unsere Schwachheit zu stärken, so daß wir Ihn auch im Leiden nachahmen können. Teresa sieht in Situationen des Leidens Möglichkeiten, die Liebe zu zeigen.

Wer nur liebt, solange es ihn freut und ihn nichts kostet, weiß nicht, ob er tatsächlich den anderen oder nur sich selbst liebt. Wer in Momenten des Leids, der Lustlosigkeit, der Monotonie sich zum anderen bekennt und beim anderen bleibt, der zeigt, wie echt seine Liebe zu ihm ist. Situationen des Leids sind Gelegenheiten, die Echtheit unserer Liebe zu Gott unter Beweis zu stellen.

Worauf es ankommt

In den letzten Seiten der SEELENBURG sind vor allem zwei Akzente wichtig, mit denen Teresa zwei Extreme vermeiden will:

- Das Gebet als Begegnung mit Gott macht uns nicht blind für die Not unserer Mitmenschen. Wir werden ermutigt, nicht mit allen Mitteln das Gefühl der Nähe Gottes zu suchen, sondern die Verfügbarkeit unseres Herzens, denn der Herr will Werke.
- Die Bereitschaft, füreinander da zu sein, darf uns nicht zu einer oberflächlichen Betrachtung unserer Taten verleiten. Unser Tun soll nicht einem Leistungsdrang entspringen, sondern einer gesunden christlichen Haltung: der Verwirklichung der Liebe.

Ein Gedanke Teresas, der vielen eifrigen frommen Menschen Kopfschmerzen bereitet, besagt, daß der Sinn und Zweck des

Gebetes darin besteht, daß *daraus Werke entstehen*. Mit diesem Satz erteilt Teresa all jenen Entartungen der Frömmigkeit eine Absage, die nicht so sehr den Herrn, sondern sich selbst suchen... natürlich unter dem Deckmantel des Gebetes.

Gebet ist keine willkommene Ausrede, um den Alltag und seine Aufgaben zu vernachlässigen, sondern der Weg, um fähig zu werden, die Forderungen der Liebe zu verwirklichen, so wie Christus sie verwirklicht hat.

Sich Christus zur Verfügung zu stellen bedeutet ja, sich den Menschen zur Verfügung zu stellen; ein Diener Gottes zu werden, heißt ja, ein Diener der Menschen zu werden.

Der vorletzte Satz aus dem Buch hat allerdings eine besondere Bedeutung, da er uns von einer Leistungsreligiosität befreit und uns zugleich auf das Wesentliche der christlichen Botschaft aufmerksam macht:

Bauen wir keine Türme ohne Fundament, der Herr schaut ja nicht so sehr auf die Größe der Werke, sondern auf die Liebe, mit der sie getan werden.

SCHRIFTEN zur Karmelspiritualität:

Teresa von Avila:

P. Antonio Sagardoy, **Gott hat mich überwältigt.** Die Autobiographie der heiligen Teresa von Avila, Eigenverlag Karmeliten, Wien 1991, 136 S. öS 100,-

In dieser Auswahl und Übersetzung der Autobiographie fällt der Einstieg in Teresas Schriften leicht. Für alle, die Teresa von Avila nur von einigen bekannten Aussprüchen her kennen, wäre dieses Buch eine gute Möglichkeit, sie und ihr Leben näher kennenzulernen.

P. Antonio Sagardoy, **DAS GESPRÄCH MIT GOTT,** Briefe nach Texten der heiligen Teresa, 80 S. öS 65,-

Diese Texte in Briefform behandeln konkrete Fragen zum Thema Gebet und Meditation.

Elisabeth von der Dreifaltigkeit:

Elisabeth von der Dreifaltigkeit, **DER HIMMEL IST IN MIR.** Christliche Innerlichkeit, Wien 1994, 352 S. öS 180,-

Dies ist der erste Band der gesammelten Werke, die nun auch in die deutsche Sprache übersetzt und veröffentlicht werden. Die Botschaft der französischen Karmelitin ist ein Ansporn, aus der Verbindung mit Gott im Alltag zu leben.

Elisabeth von der Dreifaltigkeit, **DU HAST MICH GOTT GESCHENKT.** Briefe an ihre Mutter, Christliche Innerlichkeit, Wien 1992, 115 S. öS 100,-

Diese Sammlung der Briefe, die Elisabeth an ihre Mutter geschrieben hat, verrät die tiefe Beziehung zwischen beiden. Kurze Einführungen und Fußnoten helfen, den jeweiligen Brief im Kontext besser zu verstehen.

Teresa de Los Andes:

P. Antonio Sagardoy, **MEINE JUGEND GEHÖRT GOTT,** Christliche Innerlichkeit, Wien 1992, 105 S. öS 90,-
Dies ist die erste Biographie in deutscher Sprache über diese junge Frau, die mit ihrer einfachen Religiosität so viele Menschen in Lateinamerika begeistert.

P. Antonio Sagardoy, **EINE HEILIGE AUS LATEINAMERIKA.** Eigenverlag Karmeliten, Wien 1992, 100 S. öS 90,-
Ein weiteres Buch über die sympathische junge Frau aus Chile, die im März 1993 heiliggesprochen wurde. Anhand von ausgewählten Texten will der Autor die lebensfrohe Gestalt dieser sehr jung verstorbenen Karmelitin Teresa de Los Andes vorstellen.

Teresa de Los Andes**, IN LIEBE LEIDEN, Tagebuch.**
Christliche Innerlichkeit, Wien 1994, 175 S. öS 130,-

Ein neues Buch, das in einer sehr einfachen Sprache den Werdegang der jungen Heiligen schildert. Die Texte aus dem Tagebuch sind authentisch und die Mitteilungen sehr ehrlich. Diese Übersetzung ist eine große Hilfe, diese Heilige „von innen" kennenzulernen.

Bruder Lorenz:

Lorenz von der Auferstehung, **GESAMMELTE WERKE.** Christliche Innerlichkeit, Wien 1993, 167 S. öS 130,-

Gerade in unseren Tagen, in denen die religiöse Dimension des Alltags von vielen Menschen gesucht wird, ist die Botschaft von Bruder Lorenz wieder aktuell. Die Einfachheit seiner Sprache und die Glaubwürdigkeit seiner Worte über die Gegenwart Gottes sprechen viele Menschen an.

Rafael Kalinowsky:

P. Raimund Bruderhofer, **VON SIBIRIEN IN DEN KARMEL.** Rafael Kalinowsky, Wegbegleiter zu Gott, Eigenverlag Karmeliten, Wien 1991, 108 S. öS 80,-
Der Karmelit P. Rafael Kalinowski wurde im November 1991 in Rom heiliggesprochen. Zu diesem Anlaß hat P. Raimund Bruderhofer diese Broschüre über den Lebensweg des Heiligen herausgegeben.

Verschiedene Themen:

P. Antonio Sagardoy, **WORTE AN FREUNDE.** Briefe aus dem Kloster, Christliche Innerlichkeit, Wien 1992, 83 S. öS 80,-
In 25 Briefen antwortet der Autor zu verschiedenen Themen des Alltags.

Bestellungen:

Verlag CHRISTLICHE INNERLICHKEIT
Karmelliteratur
A – 1190 Wien, Silbergasse 35